# LA COPA MUNDIAL FEMENINA EN PRIMER PLANO

por Kurt Waldendorf

CAPSTONE PRESS
a capstone imprint

Publicado por Capstone Press, una impresión de Capstone
1710 Roe Crest Drive, North Mankato, Minnesota 56003
capstonepub.com

Publicado originalmente como *Women's World Cup Close-Up*, copyright 2026 por Capstone.



Los datos de catalogación previos a la publicación se encuentran disponibles en el sitio web de la Biblioteca del Congreso.

ISBN: 9798875296123 (tapa dura)
ISBN: 9798875296215 (tapa blanda)
ISBN: 9798875296000 (PDF libro electrónico)

Resumen: Desde su primera edición en 1991, la Copa Mundial Femenina ha experimentado una enorme popularidad. Los lectores pueden explorar el pasado, el presente y el futuro de esta adorada competición.

**Créditos editoriales:**
Editora: Heather DiLorenzo Williams; Diseñadora: Cynthia Della-Rovere; Investigadoras de medios: Courtney Rust, Catherine Guden

**Créditos fotográficos:**
Getty: A. Messerschmidt, cover (izquierda), Barrington Coombs, 8–9, Cameron Spencer, 5, Catherine Ivill, 18–19, 24–25, Christian Hofer, cover (derecha), Henning Bangen/Bongarts, 10–11, John Todd/ISI Photos, 12, Justin Setterfield, cover (medio), 16, 20–21, Maja Hitij, 26–27, Quinn Rooney, 17, 22–23, Robert Cianflone, cover (arriba), 29, Tim Nwachukwu, 14–15, Topical Press Agency/Hulton Archive, 7

**Elementos de diseño:**
Shutterstock: Arroyan Art, Dmitry Rukhlenko, Donglpix, madorf, Vector-3D



Printed and bound in China. 6459

# CONTENIDO



Las palabras en **negrita** están en el glosario.

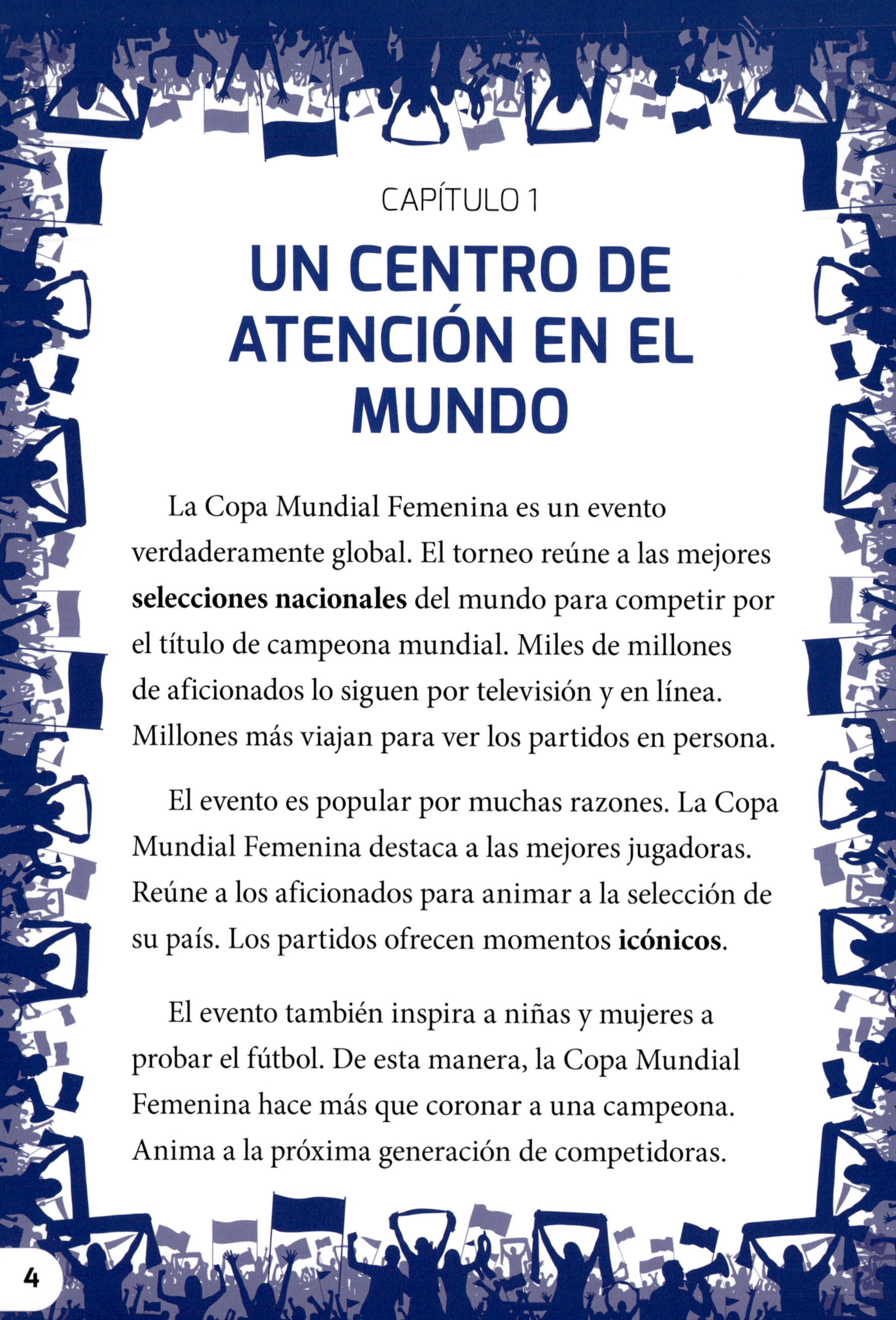

CAPÍTULO 1

# UN CENTRO DE ATENCIÓN EN EL MUNDO

La Copa Mundial Femenina es un evento verdaderamente global. El torneo reúne a las mejores **selecciones nacionales** del mundo para competir por el título de campeona mundial. Miles de millones de aficionados lo siguen por televisión y en línea. Millones más viajan para ver los partidos en persona.

El evento es popular por muchas razones. La Copa Mundial Femenina destaca a las mejores jugadoras. Reúne a los aficionados para animar a la selección de su país. Los partidos ofrecen momentos **icónicos**.

El evento también inspira a niñas y mujeres a probar el fútbol. De esta manera, la Copa Mundial Femenina hace más que coronar a una campeona. Anima a la próxima generación de competidoras.

En 2023, las jugadoras de España celebraron la primera victoria de su país en la Copa Mundial Femenina en la historia de su equipo.

CAPÍTULO 2

# MUCHOS AÑOS EN DESARROLLO

Las mujeres han jugado al fútbol desde sus inicios. Pero muchas **barreras** tuvieron que derribarse para que la Copa Mundial Femenina se convirtiera en lo que es hoy.

## Los primeros años

El fútbol moderno surgió en Inglaterra en el siglo XIX. El primer partido **internacional** femenino tuvo lugar en 1881. Inglaterra y Escocia compitieron para ver cuál nación tenía el mejor equipo. El deporte se popularizó rápidamente. Durante la Primera Guerra Mundial (1914–1918), muchos hombres se marcharon para convertirse en soldados. En Inglaterra, sus trabajos en las fábricas fueron ocupados por las mujeres que se quedaron. Y al igual que los hombres antes que ellas, estas mujeres se unieron a **equipos de clubes** en su tiempo libre. Los partidos atraían multitudes masivas.

Después de la guerra, las cosas cambiaron. Los hombres regresaron a sus trabajos y a sus equipos de clubes. Los organizadores de las ligas temían que el fútbol femenino perjudicara la venta de entradas para el fútbol masculino. Algunos creían que las mujeres no debían jugar al fútbol. En Inglaterra entró en vigor una prohibición. Esta prohibición impedía a las mujeres jugar al fútbol. Otros países también implementaron prohibiciones. A las mujeres de Noruega, Brasil y Alemania tampoco se les permitía competir.

Mujeres compiten en un partido de fútbol benéfico en Inglaterra en 1914.

En los primeros 50 años tras la aprobación del Título IX, el número de chicas que participaban en deportes escolares pasó de 300.000 a más de 3 millones.

## Cambios repentinos

Las prohibiciones del fútbol femenino duraron muchos años. Aun así, las mujeres encontraron la manera de formar equipos. En 1970, Italia albergó el primer gran torneo internacional femenino. Participaron equipos de siete países. El evento fue un éxito. Una multitud de 40.000 personas vio el partido entre Dinamarca y Italia en la final. Un año después, el evento fue aún más grande. El torneo se celebró en México. Más de 100,000 personas abarrotaron las gradas para ver la final entre Dinamarca y México.

Después de los torneos, las cosas empezaron a cambiar. Inglaterra levantó su prohibición. Estados Unidos aprobó una nueva ley. Se llamó Título IX. El Título IX contribuyó a que los deportes masculinos y femeninos fueran más equitativos. Las escuelas estadounidenses ofrecieron **becas** a mujeres para practicar deportes. La ley ayudó a Estados Unidos a producir las mejores jugadoras de fútbol. También hizo que el fútbol femenino fuera más competitivo en todo el mundo.

## Oficialización

En la década de 1990, se derribaron más barreras para el fútbol femenino. El grupo que organizó la Copa Mundial Masculina creó un evento femenino por primera vez. La Fédération Internationale de Football Association (FIFA) programó el primer torneo femenino para 1991. Se celebró 61 años después de la primera Copa Mundial Masculina.

### Fútbol femenino en los Juegos Olímpicos

Los Juegos Olímpicos incorporaron el fútbol femenino en 1996. El cambio fue trascendental para este deporte. Los partidos atrajeron récords de asistencia presencial. Los Juegos Olímpicos también alcanzaron una mayor audiencia televisiva. Personas que no eran aficionadas al fútbol sintonizaron el partido para ver a su país buscar el oro. Tras el evento, más países desarrollaron programas de fútbol femenino para competir en eventos futuros.

Aun así, a la FIFA le preocupaba que el evento no interesara a la gente. La FIFA no llamó al torneo "Copa Mundial". Pero el torneo fue un éxito. Más de 500.000 personas asistieron a los partidos. La FIFA celebró otro evento cuatro años después. El torneo se convirtió oficialmente en la Copa Mundial Femenina.

Aunque obtuvieron el cuarto lugar en la primera Copa Mundial Femenina de 1991, Alemania se ha mantenido como uno de los mejores equipos del fútbol femenino.

Brandi Chastain celebra su penalti, que le dio a la Selección Nacional Femenina de Estados Unidos (USWNT, por sus siglas en inglés) la victoria en la final de la Copa Mundial Femenina de 1999.

## Otro Nivel

Las dos primeras Copas Mundiales Femeninas oficializaron el torneo. El tercer torneo, celebrado en 1999, lo convirtió en uno de los favoritos de la afición. Fue el evento más grande hasta entonces. El torneo se celebró en Estados Unidos. La afición llenó enormes estadios por todo el país. Las cadenas de televisión transmitieron los partidos en todo el mundo.

Los equipos ofrecieron un torneo emocionante. La final fue entre China y Estados Unidos. Tras un empate 0–0, el partido se decidió en **tiros penales**. Brandi Chastain anotó el gol de la victoria para Estados Unidos. Unas 90.000 personas vitorearon desde las gradas. La victoria atrajo la atención de la gente de Estados Unidos y del mundo. Demostró lo emocionante que podía ser la Copa Mundial Femenina.

Varios miembros actuales y anteriores de la Selección Nacional Femenina de Estados Unidos celebran el acuerdo firmado en 2022, que estipula que las jugadoras recibirán el mismo salario que los jugadores masculinos.

## Haciendo crecer el juego

La Copa Mundial Femenina de 1999 cambió el panorama deportivo. Millones de niñas y mujeres se inspiraron para unirse a este deporte. Como resultado, cada vez más países formaron equipos fuertes. Alemania ganó su primera Copa Mundial Femenina en 2003. La volvieron a ganar en 2007. Japón consiguió su primer título en 2011.

Las primeras ligas profesionales de fútbol femenino comenzaron en Estados Unidos. Las mujeres de la selección femenina estadounidense se convirtieron en celebridades. Llamaron la atención sobre temas importantes. En 2022, el equipo obtuvo el derecho a recibir el mismo salario que los atletas masculinos.

### DATO CURIOSO

La Liga Nacional de Fútbol Femenino (NWSL, por sus siglas en inglés) de Estados Unidos se encuentra entre las mejores ligas profesionales del mundo. Pero no es solo para atletas estadounidenses. Jugadoras de todo el mundo firman con clubes de la NWSL. Cerca de 40 selecciones nacionales tienen jugadoras en la liga.

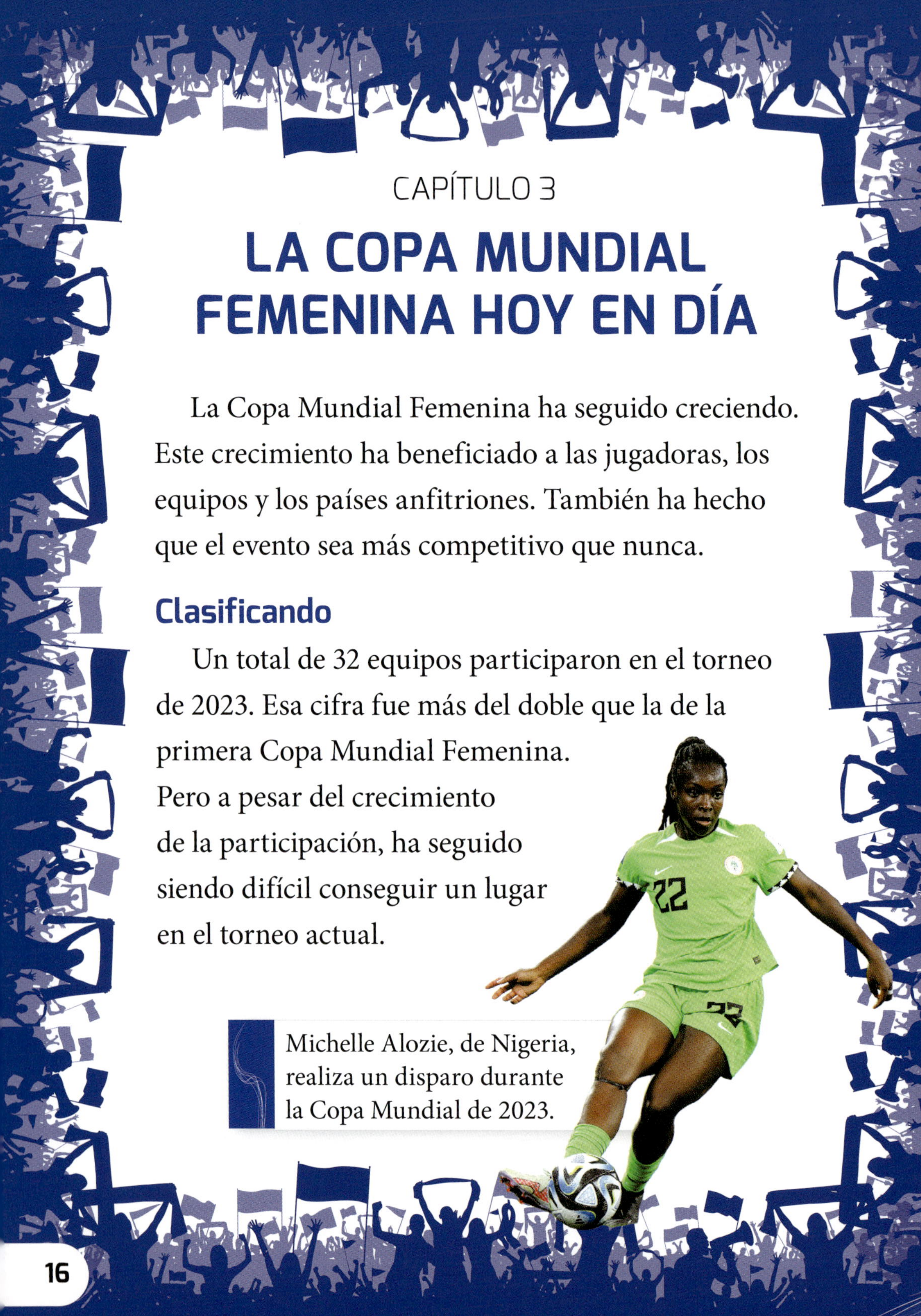

CAPÍTULO 3

# LA COPA MUNDIAL FEMENINA HOY EN DÍA

La Copa Mundial Femenina ha seguido creciendo. Este crecimiento ha beneficiado a las jugadoras, los equipos y los países anfitriones. También ha hecho que el evento sea más competitivo que nunca.

## Clasificando

Un total de 32 equipos participaron en el torneo de 2023. Esa cifra fue más del doble que la de la primera Copa Mundial Femenina. Pero a pesar del crecimiento de la participación, ha seguido siendo difícil conseguir un lugar en el torneo actual.

Michelle Alozie, de Nigeria, realiza un disparo durante la Copa Mundial de 2023.

Cerca de 200 países tienen selecciones nacionales femeninas. La FIFA divide a los equipos en seis regiones. En los años previos al torneo, cada región organiza partidos de **clasificación**. Solo los mejores equipos consiguen un lugar. Hasta el torneo de 2023, solo siete países se habían clasificado para todas las Copas Mundiales Femeninas: Brasil, Alemania, Japón, Nigeria, Noruega, Suecia y Estados Unidos.

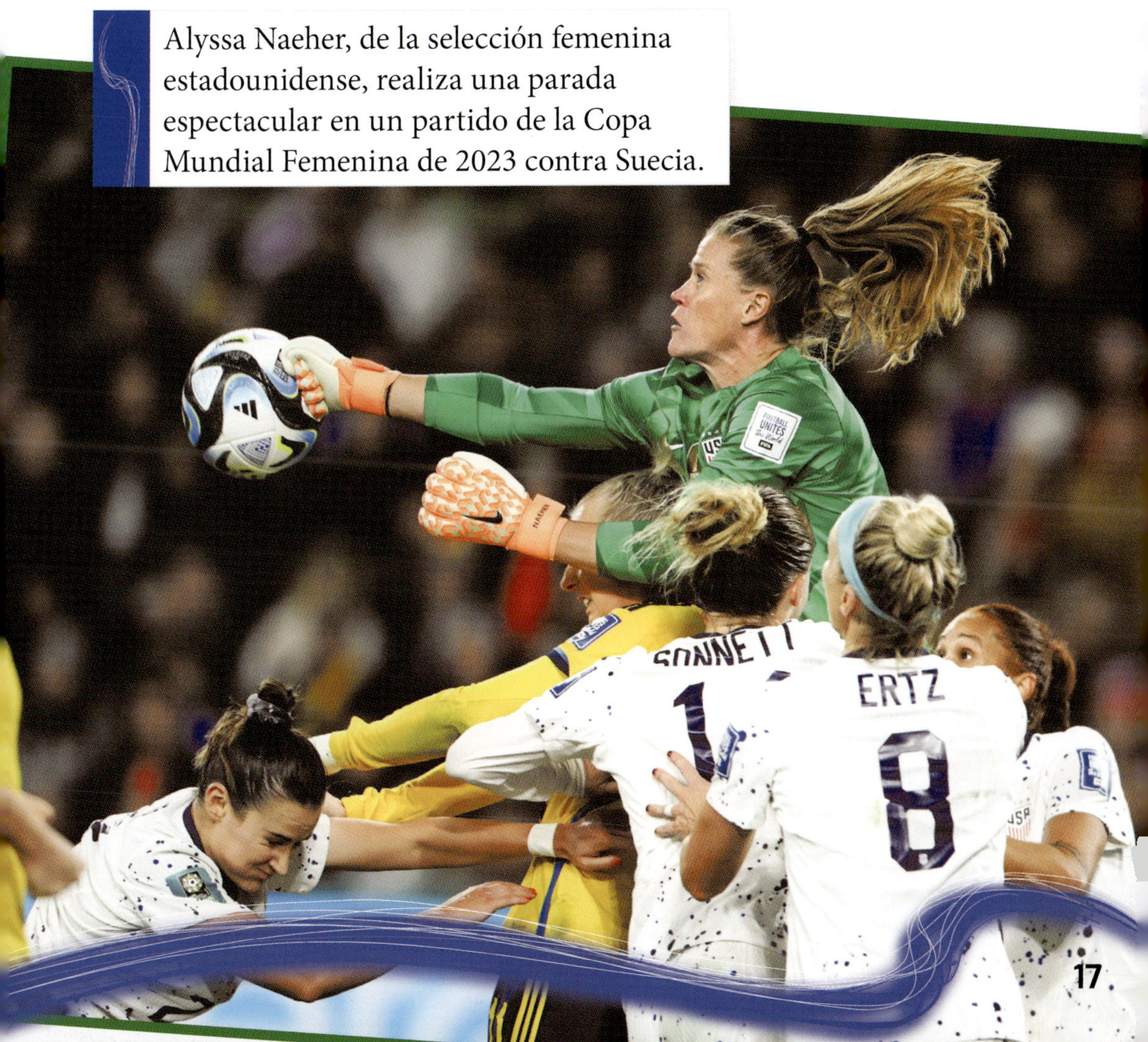


Alyssa Naeher, de la selección femenina estadounidense, realiza una parada espectacular en un partido de la Copa Mundial Femenina de 2023 contra Suecia.

## Eligiendo un anfitrión

Los países también compiten para ser sede del torneo. Elaboran planes para el evento, llamados candidaturas. La FIFA elige el plan que le guste mejor. Tras la selección de la sede, comienzan las obras. Los países realizan mejoras en los estadios. Construyen hoteles para el alojamiento de los visitantes y carreteras para el transporte de la gente. Nueva Zelanda y Australia albergaron juntos el evento de 2023. La preparación para el torneo creó 38.000 empleos en esos países. El evento atrajo a alrededor de 2 millones de visitantes.

El Estadio Accor de Sídney, también conocido como Estadio Australia, albergó la final de la Copa Mundial Femenina de 2023, así como varios otros partidos del torneo.

Ser el anfitrión no solo beneficia al país. También beneficia al deporte. Tras el evento de 2023, la participación de niñas y mujeres se disparó en ambos países anfitriones. Se destinaron fondos para el desarrollo de ligas para todas las edades y niveles de habilidad.

## Preparación de las jugadoras

Las jugadoras entrenan toda su vida para participar en la Copa Mundial Femenina. Trabajan habilidades como el regate, el pase y el tiro. Aprenden estrategias de juego para realizar la jugada correcta en el momento oportuno. Las jugadoras demuestran su esfuerzo de entrenamiento al competir por equipos de clubes. Las selecciones nacionales eligen a las mejores jugadoras de clubes para representar a su país.

Unos 10 días antes del torneo, se establecen las **listas** finales. Un total de 736 jugadores viajan al torneo. En los días previos a los partidos, los equipos estudian a sus oponentes. Elaboran un plan de juego. Luego, saltan al campo.

### DATO CURIOSO

Las jugadoras llegan a la Copa Mundial Femenina a diferentes edades. La jugadora más joven en competir fue Casey Phair. Tenía 16 años cuando jugó para Corea del Sur en 2023. La jugadora de mayor edad en competir fue Miraildes Maciel Mota, de Brasil. Compitió en el torneo de 2019 a los 41 años.

Casey Phair (izquierda) de Corea del Sur desafía a Marina Hegering (derecha) de Alemania durante la Copa Mundial de 2023.

## Reduciendo el número de equipos

Con los participantes ya definidos, 32 naciones comienzan a enfrentarse. Durante la **fase de grupos**, cada equipo compite contra los otros tres equipos de su grupo. Esta fase garantiza que cada equipo juegue al menos tres partidos. Los dos mejores equipos de cada grupo pasan a las rondas eliminatorias.

En las rondas eliminatorias, una sola derrota acaba con las esperanzas de un equipo de ganar el título. Los equipos no pueden empatar en estas rondas. Si el marcador está empatado al final de la prórroga, el partido se juega en tiros penales. En los penales, un solo gol puede ganar el partido.

La selección femenina de Australia quedó en cuarto lugar en la Copa Mundial de 2023, su mejor resultado de todos los tiempos.

**Manteniéndose preparadas**

La Copa Mundial Femenina dura un mes. El equipo ganador juega siete partidos. Eso no deja mucho tiempo entre encuentros. Las jugadoras necesitan recuperarse. Los equipos necesitan planificar para su próximo rival. Los equipos también deben viajar a su próximo partido. En 2023, la selección de Irlanda recorrió 5100 millas (8208 km) entre partidos de la fase de grupos.

## Coronando a un equipo campeón

Los dos equipos invictos en las rondas eliminatorias se enfrentan en la final. El ganador se convierte en campeón del mundo. Solo unas pocas naciones han conseguido el título. Tras el torneo de 2023, Estados Unidos tenía la mayor cantidad de victorias en la Copa Mundial Femenina con cuatro. Alemania tenía dos. España, Noruega y Japón tenían uno cada uno.

También se otorgan premios individuales. El Balón de Oro se otorga a la jugadora más valiosa. En 2023, el premio fue para Aitana Bonmatí, de España. La Bota de Oro se otorga a la jugadora que marca más goles. La mejor portera recibe el Guante de Oro. En 2023, la japonesa Hinata Miyazawa se llevó a casa la Bota de Oro. La inglesa Mary Earps ganó el Guante de Oro.

### DATO CURIOSO

Kristine Lilly tiene el récord de más partidos en la Copa Mundial Femenina. Salió al campo 30 veces con la selección de Estados Unidos. Marta, de Brasil, es la máxima goleadora de la Copa Mundial Femenina de todos los tiempos. Ha metido el balón en la red para 17 goles.

Aitana Bonmatí (izquierda) y Mary Earps (derecha) muestran sus premios individuales tras el último partido de la Copa Mundial de 2023.

Kelley O'Hara, Alex Morgan y Allie Long (de izquierda a derecha) besan el trofeo de la Copa Mundial tras su victoria en 2019. Las tres jugadoras han trabajado junto a sus compañeras para lograr la igualdad en el fútbol femenino.

## Compartiendo el éxito

Muchas barreras se han derribado desde la primera Copa Mundial Femenina. Durante el evento de 1991, no hubo premios en metálico. Las jugadoras estadounidenses recibían solo 15 dólares por día para gastar en el torneo. Con el tiempo, las jugadoras contribuyeron a generar cambios. En 2007, se introdujeron los premios en metálico. Y para el torneo de 2023, cada jugadora ganó al menos 30.000 dólares.

Aun así, las jugadoras siguen presionando por una mayor igualdad y un mejor trato. Gran parte de los premios en metálico del torneo se destina a los organizadores del fútbol. Las jugadoras presionan para que una mayor parte de los premios en metálico se destine a las participantes del torneo en lugar de a la organización de fútbol de cada país. También piden mejores condiciones en el torneo y descansos más largos después del evento. Al impulsar el cambio, quieren que la Copa Mundial Femenina sea mejor para las generaciones futuras.

## CAPÍTULO 4

# UN FUTURO INCLUSIVO

El futuro de la Copa Mundial Femenina se ve prometedor. Cada vez más chicas se animan a practicar este deporte. Cada vez más países invierten en equipos femeninos. Los resultados se ven en el campo. El torneo de 2023 no solo fue el más grande hasta la fecha. También fue el más diverso. Ocho países debutaron en la Copa Mundial Femenina. Equipos como Sudáfrica y Jamaica consiguieron sus primeras victorias. España ganó su primer título.

Diferentes países también albergarán el evento. Brasil fue seleccionado como sede de la Copa Mundial Femenina de 2027. Fue el primer país sudamericano elegido como anfitrión. Con nuevos participantes y anfitriones, la Copa Mundial Femenina se ha posicionado para inspirar a una nueva generación de jóvenes atletas en todo el mundo.

Jamaica avanzó a octavos de final en su segunda participación en la Copa Mundial Femenina en 2023.

# GLOSARIO

**barreras** (ba-RRE-ras): obstáculos que impiden el movimiento o el acceso

**becas** (BE-cas): premios de dinero que se otorgan a los estudiantes para pagar sus estudios

**clasificación** (cla-si-fi-ca-CIÓN): determinación de cuále equipos jugarán en la Copa Mundial

**equipos de clubes** (e-QUI-pos DE CLU-bes): equipos deportivos que representan a organizaciones

**fase de grupos** (FA-se DE GRU-pos): la parte de un torneo en la que los equipos juegan varios partidos contra un grupo reducido de competidores

**icónico** (i-CÓ-ni-co): ampliamente visto como la captura perfecta del significado o espíritu de algo o alguien

**internacional** (in-ter-na-cio-NAL): que incluye más de una nación

**listas** (LIS-tas): relaciones de los jugadores en los equipos

**selecciones nacionales** (se-lec-CIO-nes na-cio-NA-les): equipos deportivos que representan a sus respectivos países

**tiros penales** (TI-ros pe-NA-les): tiros libres concedidos al ataque cuando la defensa comete un penalti

# SOBRE EL AUTOR

Kurt Waldendorf es el autor de más de una docena de libros para niños. Cuando no está escribiendo ni editando, disfruta de la escalada en roca bajo techo y de correr por la orilla del lago Michigan con su perro. Vive en Chicago.

# ÍNDICE